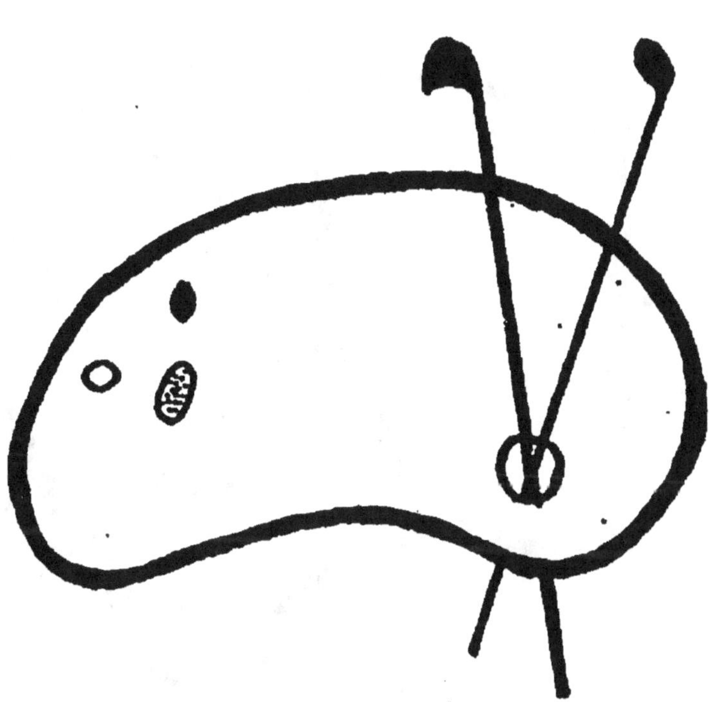

DEBUT D'UNE SERIE DE DOCUMENTS
EN COULEUR

Couverture inférieure manquante

LES

FINANCES ÉGYPTIENNES

L'UNIFICATION DE LA DETTE

ET

SES GARANTIES

PARIS

IMPRIMERIE ADMINISTRATIVE DE PAUL DUPONT

11, RUE J.-J.-ROUSSEAU, 11

1876

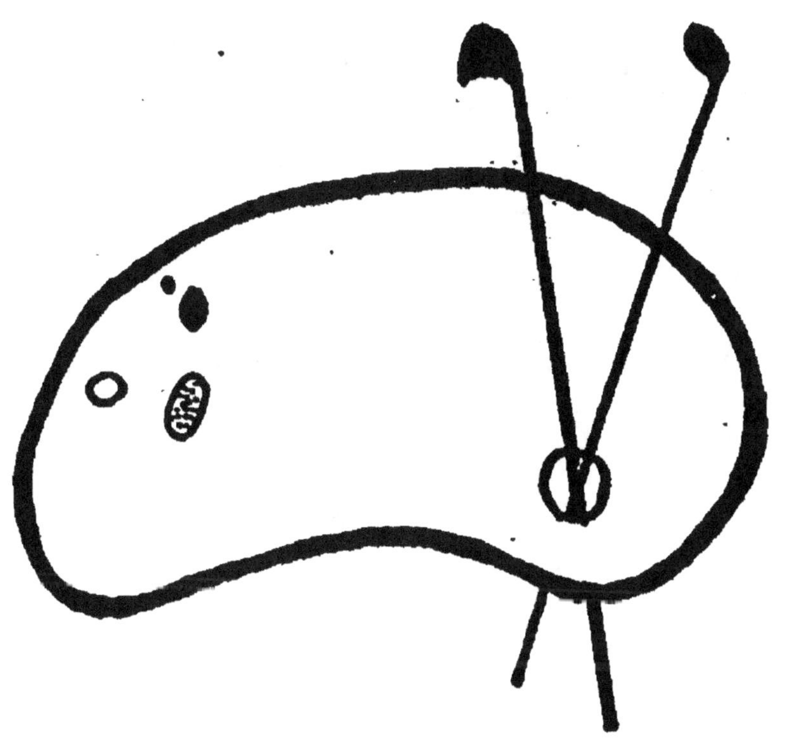

FIN D'UNE SERIE DE DOCUMENTS
EN COULEUR

LES

FINANCES ÉGYPTIENNES

L'UNIFICATION DE LA DETTE

ET

SES GARANTIES

PARIS

IMPRIMERIE ADMINISTRATIVE DE PAUL DUPONT

41, RUE JEAN-JACQUES-ROUSSEAU, 41

—

1875

LES

FINANCES ÉGYPTIENNES

L'UNIFICATION DE LA DETTE ET SES GARANTIES

Depuis plusieurs mois, la question des finances égyptiennes a été très-controversée ; la presse s'est montrée plus ou moins favorable au crédit de l'Égypte, mais ses renseignements étaient souvent insuffisants, quel que fût le mérite de la discussion.

Beaucoup de ces articles ont dû nécessairement appeler l'attention des porteurs de titres Égyptiens.

Sans prétendre discuter spécialement chacune des énonciations et appréciations formulées, je crois devoir apporter sur ce sujet intéressant mon contingent de recherches et d'appréciations et faire connaître dans son ensemble la situation financière de l'Égypte.

Établir que les prévisions les moins douteuses font ressortir, dans les budgets de l'Égypte, un excédant de recettes d'environ un million de livres sterling ou environ vingt-cinq millions de francs; montrer, en outre, quelles garanties considérables les décrets rendus par S. A. le Khédive ont assurées à toutes les parties de la dette Égyptienne, tel est le but que je me propose.

J'ai qualité pour formuler aussi mon avis sur les finances égyptiennes, car pendant plusieurs mois, j'ai porté mes investigations dans toutes les branches de l'administration, investigations qui ont précédé le traité d'unification de la dette égyptienne, que, comme représentant de nombreux établissements de crédit, j'ai négocié et signé avec le Gouvernement de S. A. le Khédive.

I.

Je prends pour base de démonstration les chiffres du Rapport de M. Cave, le seul document jusqu'à ce jour, qui soit revêtu de l'autorité d'un nom considérable, me proposant d'établir que, même avec ces chiffres en recettes et en dépenses, le gouvernement égyptien est complétement en mesure de faire face au service de sa dette telle qu'elle est unifiée par le traité et le décret du 7 mai, et à tous ses frais d'administration, le budget devant en outre se solder par un excédant en recettes.

Cependant, je fais toutes réserves au sujet de ces chiffres; je n'hésite pas en effet à déclarer, tout d'abord, que mes recherches personnelles m'ont démontré que les revenus de l'Égypte sont supérieurs à ceux signalés dans ce Rapport, et que, si j'admets ces chiffres comme base de démonstration, c'est uniquement afin d'éviter que ceux que je pourrais énoncer, d'après mes propres recherches, soient contestés.

Le Rapport de M. Cave contient un exposé des comptes du Trésor de 1864 à 1875.

Un fait important, selon moi, se détache de l'examen de ces comptes, en les décomposant en recettes et dépenses ordinaires, recettes et dépenses extraordinaires ; c'est que les recettes ordinaires de l'Égypte ont suffi et au delà à ses dépenses ordinaires et au service de sa dette, et que le montant des emprunts est représenté et au delà par les travaux extraordinaires.

Recettes ordinaires.

Par revenu . . . . £ 91,281,401

Dépenses ordinaires.

Administration	£ 48,868,491	
Tribut à la Porte	7,592,812	91,360,265
Intérêts et amortissement. .	34,898,062	

Il ressort que, pendant cette période les recettes ordinaires, après prélèvement des frais d'administration et du service de la dette en intérêts et amortissement, ont donné un excédant de . . . . £ 2,021,136

Recettes extraordinaires.

Par emprunts.	£ 31,713,987	
Actions du Canal de Suez	3,776,583	£ 55,933,646
Dette flottante	18,243,076	

Dépenses extraordinaires,

Travaux d'utilité	£ 30,240,058	
Dépenses extraordinaires, d'une utilité contestable, suivant M. Cave	10,539,545	57,855,722
Canal de Suez	16,075,119	

Il ressort que, pendant cette période, les recettes extraordinaires provenant des emprunts ont été intégralement affectées à des travaux d'utilité générale, tels que chemins de fer, canaux, ports, docks, et que l'excédant de ces dépenses extraordinaires a été soldé par l'excédant des recettes ordinaires, soit. . . . . £ 2,921,136

Ces dépenses extraordinaires représentent la construction, et le matériel nécessaire à l'exploitation d'environ 1300 milles de chemins de fer qui sont la propriété de l'État, la création d'un réseau complet de navigation et d'irrigation qui assure la prospérité du pays, les sommes nécessitées pour l'établissement de ports, docks, et du Canal de Suez, ce grand œuvre accompli par la volonté énergique du Khédive et par le génie de M. de Lesseps, et qui crée à l'Egypte pour ses importations et exportations soit vers l'Europe, soit vers les Indes, une facilité de mouvement commercial unique dans le monde.

Quelle est la nation en Europe qui eût accompli en quelques années ces travaux sans emprunt, si elle ne les eût concédés à des compagnies particulières dont les capitaux auraient dû alors trouver leur rémunération dans le produit qui aujourd'hui revient à l'État? A l'appui de ce que j'avance, M. Cave ne dit-il pas dans son Rapport, en parlant de la charge résultant de la dette : « *Elle comprend de plus beaucoup de dépenses qui chez nous se font par entreprises particulières, telles que chemins de fer, canaux, ports, docks, etc.* »

L'histoire financière de l'Égypte, pendant les années écoulées de 1855 à 1875, ne présente donc rien qui ne soit conforme aux règles d'une saine application des ressources budgétaires. S'il a été fait de gros emprunts, ces emprunts n'ont pas soldé des charges normales auxquelles suffisaient amplement les revenus annuels; ils ont soldé des travaux et des dépenses extraordinaires. Après cette conclusion incontestable, qui résulte de l'examen du passé, occupons-nous du présent, et recherchons quel est le revenu actuel.

II.

On ne peut évidemment prendre comme expression des revenus actuels de l'Égypte la moyenne de la période des douze dernières années; car, pendant cette période, les revenus ont toujours présenté des accroissements en rapport avec les travaux effectués et avec les progrès de l'administration, et M. Cave établit que les revenus évalués par lui comme étant actuellement de £ 9,158,000 sterling, ne s'élevaient en 1864 qu'à £ 4,900,000 sterling.

Le produit admis par M. Cave, non compris la Moukabala, est de £ 9,158,000; ce chiffre n'est point hypothétique, car il est dépassé par les encaissements effectués.

Mais la Moukabala a été abrogée. Elle avait pour but, comme on sait, le rachat par les contribuables d'une partie de l'impôt foncier; cette partie de l'impôt foncier est aujourd'hui rétablie et fournira dorénavant un revenu certain et permanent, au lieu de la Moukabala, qui n'était, pour le Gouvernement, qu'une anticipation ruineuse. Le chiffre de £ 9,158,000 sterling indiqué par M. Cave n'est donc point un maximum; mais à ce chiffre on doit joindre celui qui correspond à la partie rétablie de l'impôt foncier, de telle sorte que l'impôt foncier qui, par l'application de la Moukabala, devait décroître chaque jour, va aller s'augmentant sans cesse, ainsi qu'il sera démontré plus loin.

Les résultats en chiffres du Rapport de M. Cave, sont ainsi considérablement modifiés par l'abrogation de la Moukabala, abrogation qui change complétement les conditions économiques de l'Égypte, car l'impôt foncier dont le rendement devait subir, d'après M. Cave, dans dix ans, une diminution de £. 2,500,000, « diminution qui eût été, en réalité, de £. 2,800,000, » se trouve aujourd'hui rétabli d'une façon régulière, normale, égale pour tous et ira sans cesse croissant par les nouvelles mises en culture.

Pour donner une idée exacte du système qui était en vigueur et des critiques auxquelles il a donné lieu de la part de M. Cave, je citerai quelques passages de son Rapport :

« De par cette loi, tous les propriétaires peuvent racheter la
« moitié de l'impôt foncier auquel ils étaient soumis, en
« payant un impôt de six ans, ou en une seule fois ou par ver-
« sements partiels. Ceux qui s'acquittaient de cette contribu-
« tion en une seule fois, voyaient immédiatement leur taxe se
« réduire; ceux qui préféraient payer par versements partiels
« bénéficiaient d'un escompte de 8 1/3 % sur leur avance, et
« la réduction n'avait lieu que lorsque la contribution était en-
« tièrement payée.

« Le terme extrême pour le rachat entier de la taxe était
« d'abord fixé à six ans; mais, ou la loi était mal comprise, ou
« les petits propriétaires étaient hors d'état de faire un paye-
« ment aussi considérable par an, et alors le terme a été étendu
« de six à douze ans.

« Ce système est très-avantageux pour le propriétaire qui
« peut sacrifier la somme nécessaire, attendu que, outre l'avan-
« tage de s'assurer à perpétuité le rachat de la moitié de l'im-
« pôt foncier par un payement de cinq fois et demie la somme
« à laquelle il s'élève actuellement, grâce à l'escompte dont il
« bénéficie, il acquiert un titre de propriété inattaquable, titre
« qui n'a aujourd'hui qu'un caractère incertain.

« Pour l'État, ce système est ruineux au point de vue fiscal
« et il a ainsi sacrifié pour toujours 50 % du revenu qui peut
« être obtenu de cette source, à l'effet de réaliser onze fois le
« revenu annuel réparti pendant douze ans.

« L'application de la loi de Moukabala dont il est question
« ci-dessus, fournit la preuve la plus frappante de la manière
« insouciante dont les ressources de l'avenir ont été sacrifiées,
« pour faire face aux besoins pressants du moment. »

M. Cave a longuement critiqué et avec raison, mais il n'a
pas indiqué le remède; je ne puis cependant m'en plaindre,

car sa critique m'a fourni l'occasion de recherches qui ont
eu un résultat avantageux. En effet, elles ont abouti à l'adoption d'un système qui, arrêtant le cours de cette opération ruineuse pour le Trésor, et soumettant la portion réalisée à un
mode d'amortissement dont la charge est insignifiante, fournit
à l'État des ressources considérables et assurées pour le présent
et pour l'avenir.

Qu'on ne dise point que l'abrogation de la Moukabala est
une mesure injuste vis-à-vis des propriétaires, car par le décret
ci-après transcrit, du 7 mai 1876, indépendamment des mesures équitables qui doivent assurer la compensation des sommes payées, S. A. le Khédive a conféré à ces propriétaires
les droits et priviléges qui leur auraient été définitivement acquis sur la propriété, seulement après le payement de la Moukabala, c'est-à-dire la possession à titre définitif de biens qu'ils
ne possédaient qu'à l'état précaire. Cette seule disposition aura,
au point de vue économique, des conséquences que chacun peut
apprécier, car ces biens dont une grande partie pouvait être
considérée comme des biens de main-morte, vont pouvoir se
transmettre régulièrement par voie de vente, donation, succes-
sion et se morceler à l'infini, de façon que chaque fellah, comme
chacun de nos laboureurs et de nos vignerons, pourra posséder
le coin de terre qu'il cultive.

Le tableau sommaire des recettes et dépenses doit, en conséquence, être présenté ainsi qu'il suit :

Le produit des revenus se chiffrera par . . £   9,158,000

Augmentation provenant de l'impôt foncier rétabli par suite de l'abrogation de la Moukabala, et qui ne peut être évaluée à moins de £   1,000,000

TOTAL. . . . . £   10,158,000

Les dépenses normales sont, suivant le rapport de M. Cave, de £ 4,000,000, dont le détail sera donné ci-après . . . . £   4,000,000

Reste pour le service des intérêts et de l'amortissement de la dette. . . . . . . £   6,158,000

La Daira doit contribuer au service de la dette pour . . . . £   694,441

Le disponible total sera de. . . . . . . £   7,852,441

L'annuité, fixée par le décret pour les intérêts et l'amortissement de la dette en 65 ans, étant de . . . . £   6,443,600

L'excédant annuel sera donc de. . . . . £   408,841

Non compris une redevance annuelle de . £   600,000
due pendant dix ans par les villageois, pour remboursement d'avances à eux faites par le Gouvernement pour achat de bétail, et que M. Cave ne signale pas dans son rapport.

Ce qui constituera un excédant de. . . . £   1,008.841

Je raisonne ici toujours d'après le Rapport de M. Cave, mais en tenant compte du rétablissement de l'impôt foncier résultant de l'abrogation de la Moukabala. J'ai la conviction la plus complète que ce chiffre d'excédant sera corroboré par celui que fera ressortir le rapport officiel, élaboré en ce moment et qui sera revêtu du nom considérable d'un homme compétent en matière de finances.

Je ne donne point ici par fractions les recettes et leurs diverses applications, ce qui ne rentre point dans le cadre que je me suis tracé : ces chiffres de détail ne peuvent être fournis avec une rigoureuse précision que par l'établissement du budget de 1877, dont la publication est prochaine. J'indique sommairement les recettes et les dépenses, sans avoir à préciser si telle nature de recettes, la créance sur les villageois, par exemple, devra ou non, lors de la mise en pratique, être transformée en annuités à plus long terme qui se compenseraient avec la partie versée de la Moukabala, et en conséquence devra, ou non, trouver elle-même sa compensation dans d'autres ressources rendues disponibles par cette opération. J'indique les ressources actuelles et les besoins, en tenant compte des modifications fondamentales résultant de l'abrogation de la Moukabala, et qui doivent avoir pour résultat un excédant de recettes d'environ £ 1,000,000 sterling ou francs 25,000,000.

Je pourrais chiffrer, d'après mes recherches et mes évaluations personnelles, les augmentations probables de l'impôt foncier qui viendront encore accroître cet excédant ; ces évaluations sont plus optimistes que celles de M. Cave, cependant je préfère le citer.

« Actuellement, 4,805,107 feddans en culture, paient l'im-
« pôt ; ce chiffre, comparé à celui des feddans cultivés sous
« Saïd-Pacha, montre une augmentation de 18 1/2 % sous le
« Gouvernement actuel. 352,350 feddans ont donc été mis en
« culture et seront bientôt susceptibles d'être imposés. Comme

« on ne procédera que graduellement à cette imposition, il n'y
« aura pas immédiatement un accroissement de revenu, mais
« dans le courant des cinq prochaines années, on peut comp-
« ter de ce chef sur une augmentation de £ 180,000 par an,
« ci. . . . . £ 180,000

« 267,650 nouveaux feddans pourront encore être soumis
« à l'impôt, dès qu'ils auront été cadastrés et fourniront
« £ 140,000 de plus par an, ci . . . . £ 140,000.

« Ces deux indications du chiffres de feddans cultivés for-
« mant le total de 620,000 feddans, soit 15 0/0 de la terre cul-
« tivée à l'avénement du Khédive, donnent ainsi une augmen-
« tation de 32 1/2 0/0 pendant un règne de 13 ans. Il y a
« encore 1,098,000 feddans de terre cultivables, qui ont été
« cadastrées, mais qui ne sont pas encore cultivées. »

D'après tout ce qui précède, il n'est certes pas téméraire
d'évaluer l'excédant du budget de l'Égypte à environ £1,000,000,
chiffre qui doit aller sans cesse s'augmentant.

L'excédant du budget fournira toutes les ressources suffi-
santes pour les travaux d'utilité publique qu'il serait nécessaire de compléter et qui, au surplus, ont déjà leur dotation
particulière dans le budget ordinaire, ainsi qu'il sera démontré
plus loin, lors des attributions qui seront indiquées, des
£ 4,000,000, montant du budget des dépenses pour 1876.

III

Certaines publications sont allées jusqu'à comparer, sur divers points, l'Égypte avec d'autres États ; l'une d'elles, notam-

ment, après avoir tiré de chiffres incomplets des conséquences qui sont en désaccord avec les faits réels, s'attache à corroborer ses conclusions par une considération générale : le service de la dette n'exige en France que le tiers du produit des recettes, et en Egypte il en exige plus de la moitié; l'Egypte est donc surchargée. Il serait au contraire vrai de dire que le service de la dette en France exige une part du budget plus considérable qu'en Egypte, car dans notre dette nationale, ne sont pas comprises, comme en Egypte, les dépenses de tous les grands travaux d'utilité générale comme les chemins de fer et les canaux exécutés par des compagnies particulières, et dont le produit entier est appliqué à la rémunération du capital employé à leur exécution.

Si ces dépenses étaient ajoutées à notre dette et leur produit ajouté à nos recettes, le service de notre dette dépasserait la moitié du budget des recettes. Nous n'avons pas, d'ailleurs, la prétention d'établir, cela est trop clair, un parallèle entre la situation de la France et celle de l'Egypte. Au point de vue du fardeau financier, qui doit s'imposer à l'Etat, comment comparer une nation où l'initiative individuelle est remplie de vigueur et de fécondité et se charge de tant d'œuvres d'utilité générale, et un pays où le gouvernement a eu pour devoir de se faire presque seul l'agent de tous les progrès matériels?

Au surplus, cette proportion de moitié des recettes, atteinte par le service des intérêts et de l'amortissement de la dette, est-elle donc sans exemple? et ne s'est-elle pas, à plus d'une époque, présentée dans des Etats, dont nul ne contestait le crédit? Les intérêts de la dette italienne (sans y comprendre aucun amortissement) s'élevaient, en 1874, à 768 millions et le total des recettes du budget n'était que de 1,361 millions.

Nous citerons, enfin, l'Angleterre, elle-même, qui depuis

quinze ans, sans doute, a beaucoup diminué sa dette et accru ses recettes. Cependant, M. Gustave Dupuynode, en 1852, constatait que l'intérêt de la dette de ce pays, s'élevant à 27,686,458 livres sterling, était à peine inférieur à tout le revenu foncier de l'Angleterre, estimé à 30 millions sterling et absorbait 42 °/₀ environ du montant de son budget. (*Dictionnaire de l'Économie politique. — V° Crédit Public*).

Le budget des recettes de l'Égypte peut être considéré comme l'un des plus solidement établis, car son principal élément est l'impôt sur la propriété foncière, dans tous les États le moins susceptible de variations, et qui, en Egypte, représente une somme bien supérieure à celle nécessaire au service de la dette, et dépassant de beaucoup la moitié des recettes totales. Si on prenait ce point de comparaison avec plusieurs grands États européens, on trouverait que dans ces États l'impôt foncier, arrivé à son apogée, ne représente qu'une somme à peu près égale au quart de celle suffisante pour le service de la dette. Qu'on ne dise point cependant que l'impôt foncier en Égypte est exagéré, il est proportionnellement inférieur à celui de la plupart des États européens, car la fertilité merveilleuse du sol de l'Égypte permet aux propriétaires de réaliser, indépendamment de toutes charges, un revenu de 15 à 20 °/₀, ainsi qu'il sera établi plus loin.

Comme je l'ai indiqué plus haut, M. Cave évalue les charges permanentes du budget à £ 4,000,000 sterling, dont il donne le détail comme suit :

Tribut à Constantinople. . . . . £   675,308

Intérêts à l'Angleterre des actions du Canal
de Suez, jusqu'en 1895.   190,829

A reporter. . . . . £   866,137

Report . . . . £   866,137

Administration, y compris la liste civile de
Son Altesse et de sa famille. . . . . £   3,067,560

Total . . . £   3,951,697

Soit en chiffre rond. . . . . £   4,000,000

Suivant le budget de 1876. les besoins des divers services
sont ainsi établis :

Tribut à Constantinople. . . . . £   675,308   »

Intérêt à l'Angleterrre des actions du Canal de Suez jusqu'en 1895   190,829   »

Liste civile de Son Altesse et de sa famille.   400,000   »

Ministère des finances, de l'intérieur, des
affaires étrangères, de la justice, nouveaux
tribunaux.   700,000   »

Préfectures Haute et Basse-Egypte. . . .   200,000   »

Police et administrations, octrois.   460,000   »

Ministère de la Guerre et de la Marine . .   860,000   »

Ministères des travaux publics et Instruc-
tion publique   50,000   »

Diverses pensions et frais divers.   180,000   »

Frais pour travaux du Nil et autres . . .   260,000   »

Total . . . £   3,976,127   »

Soit en chiffre rond . . . . £   4,000,000   »

IV.

Un court historique des faits qui ont précédé l'unification parait nécessaire, car l'opinion publique a été souvent égarée, et on a à diverses reprises présenté les décrets comme ayant été promulgués d'office, et sans tenir compte des considérations formulées par les intéressés, quant aux dispositions qu'ils désiraient y voir introduire.

Les détenteurs de la dette flottante ne mirent point, il est vrai, en avant l'idée d'une conversion générale; ils proposèrent à S. A. le Khédive une combinaison tendant à assurer le payement de cette dette flottante par l'émission d'un titre ayant, comme les titres des différents emprunts, des garanties spéciales.

C'est alors qu'une autre influence parvint à déterminer le Khédive à rendre, le 7 avril 1876, le décret de prorogation des échéances, qui était destiné à porter au crédit de l'Egypte une atteinte considérable, et qui rendit impossible la mise à exécution des combinaisons projetées. On laissait espérer alors au Khédive que des capitalistes anglais, dont les noms ont été cités, étaient disposés à se charger de la conversion de la dette en titres produisant 6 °/₀ d'intérêts, avec faculté d'option pour les porteurs, entre l'acceptation du titre nouveau et le remboursement en espèces. Ces promesses ne se réalisèrent point.

Un projet d'unification de la dette fut alors présenté, comprenant dans l'ensemble la consolidation de la dette flottante au taux de 80 °/₀, correspondant à peu près à celui de l'émission des emprunts, afin d'établir une situation équivalente pour les divers créanciers, les détenteurs de la dette flottante ne réclamant point, comme on l'a dit, un traitement privilégié.

Ce projet fut habilement combattu par de puissants adversaires, dont l'objectif était la consolidation de la dette flottante au pair, ou 500 et non 400 ou 80 % de la valeur nominale des nouveaux titres à émettre, sous prétexte qu'à l'expiration de la Moukabala, les ressources de l'Égypte pourraient être insuffisantes. Cette lutte occasionna nécessairement des hésitations dans l'esprit de S. A. le Khédive, qui désirait cependant traiter équitablement tous les créanciers de l'Égypte, en maintenant les charges en rapport avec les exigences budgétaires. Ces hésitations cessèrent lorsque, par l'application du système d'abrogation de la Moukabala, des ressources certaines furent assurées pour le présent et pour l'avenir : la consolidation de la dette flottante à 80 % fut alors décidée.

Pour créer une situation équivalente à tous les créanciers, fut alors résolue l'unification de la dette, qui, ne retranchant aux porteurs des anciens emprunts ni un centime de capital, ni un centime d'intérêts, leur procure, en échange de l'augmentation de la durée de l'amortissement, des garanties effectives que nous analyserons plus loin et qui sont pour eux non-seulement une compensation du retard apporté dans l'amortissement, mais une amélioration de leur situation antérieure.

Cette opération a été présentée à maintes reprises sous un jour erroné, et dans une publication récente il a été dit : *L'influence anglaise triompha, et le 7 mai 1876, un décret d'unification fut promulgué d'office par le Vice-Roi.* L'erreur est manifeste : les conditions de l'unification furent débattues avec S. A. le Khédive et consignées dans un traité signé le 7 mai 1876, avec le gouvernement égyptien. Les termes du décret furent mis d'accord avec le traité que ce décret devait sanctionner, et ce décret en projet, qui devait être, et qui fut en effet promulgué le même jour, conforme au projet, est resté annexé au traité, ainsi qu'un exemplaire du décret constituant la caisse de la dette publique, qui rendu, le 2 mai, fut aussi promulgué le 7, en même temps que le décret d'unification.

Nous transcrivons ici ces deux décrets afin d'en tirer plus loin les conséquences.

Décret d'institution de la Caisse de la Dette publique d'Égypte.

« Nous, Khédive d'Égypte,

« Voulant prendre des mesures définitives et opportunes pour obtenir l'unification des diverses dettes de l'État et celles de la Daïra Sanieh, ainsi que la réduction des charges excessives résultant de ces Dettes,

« Et, voulant donner un témoignage solennel de Notre ferme intention d'assurer toutes garanties aux intérêts engagés,

« Avons résolu d'instituer une Caisse spéciale chargée du service régulier de la Dette publique, et de nommer à sa direction des Commissaires étrangers, lesquels seront, sur notre demande, indiqués par les Gouvernements respectifs, comme fonctionnaires aptes à remplir le poste auquel ils seront nommés par Nous en qualité de fonctionnaires Egyptiens dans les conditions suivantes :

« Notre Conseil Privé entendu,

« Avons décrété et décrétons ;

Article Premier.

« Il est institué une Caisse de la Dette publique chargée de recevoir les fonds nécessaires au service des intérêts et de l'amortissement de la Dette, et de les destiner exclusivement à cet objet.

Art. 2.

« Les fonctionnaires, les caisses locales ou les administrations
spéciales qui, après avoir recouvré, reçu ou concentré les revenus
spécialement affectés au payement de la Dette, sont ou seront, à
l'avenir, chargés de les verser au Trésor Central, ou de les tenir à
la disposition des ordonnateurs des dépenses de l'État, sont, par effet
du présent Décret, obligés d'en faire le versement, pour compte du
Trésor de l'État, à la Caisse spéciale de la Dette publique qui sera, à
cet égard, considérée comme une Caisse spéciale du Trésor.

« Ces fonctionnaires, caisses et administrations ne pourront être
valablement déchargés que par les quittances qui leur seront délivrées par ladite Caisse de la Dette publique. Tout autre ordre ou
quittance sera sans effet.

« Ces mêmes fonctionnaires, caisses ou administrations enverront
mensuellement au Ministre des finances un tableau contenant les
recettes ou recouvrements faits par eux directement, ou versés par
les percepteurs des revenus spécialement affectés à la Dette, et les
versements faits à la Caisse spéciale de la Dette publique.

« Le Ministre des finances communiquera ces tableaux à la direction de la Caisse.

« La Caisse de la Dette publique recevra de la Daïra Sanieh la
somme intégrale nécessaire au service des intérêts et de l'amortissement du montant de ses dettes unifiées.

« Elle recevra également les fonds de l'annuité due au Gouvernement anglais, et représentant l'intérêt sur les actions du Canal de
Suez.

Art. 3.

« Si les versements des revenus affectés à la Dette sont insuffisants pour payer le semestre, la Caisse spéciale de la Dette publique
demandera au Trésor, par le moyen du Ministre des finances, la
somme nécessaire pour compléter le payement de la semestrialité; le
Trésor devra lui verser cette somme quinze jours avant l'échéance.

« Si les fonds encaissés laissent un excédant sur le payement des intérêts et de l'amortissement, la Caisse spéciale de la Dette publique versera cet excédant, à la fin de chaque année, à la Caisse générale du Trésor.

« La Caisse de la Dette publique présentera ses comptes qui seront examinés et jugés comme de droit.

Art. 4.

« Les actions, qu'au nom et dans l'intérêt des créanciers, en grande partie étrangers, la Caisse et pour elle ses directeurs croiront avoir à exercer contre l'administration financière, représentée par le Ministre des finances, pour ce qui concerne la tutelle des garanties de la Dette que Nous avons confiée à la direction de ladite Caisse, seront portées dans les termes de leur juridiction devant les nouveaux tribunaux qui, suivant l'accord établi avec les Puissances, ont été institués en Égypte.

Art. 5.

« Les Commissaires désignés, comme il est dit plus haut, auront la direction de la Caisse spéciale de la Dette publique.

« Ils seront nommés par Nous pour cinq ans et siégeront au Caire.

« Leurs fonctions pourront être continuées à l'expiration des cinq ans, et en cas de décès ou de démission de l'un d'eux, la nomination nouvelle sera faite par Nous, dans la forme des nominations primitives. Ils pourront confier à l'un d'eux les fonctions de Président, lequel en donnera avis au Ministre des finances.

Art. 6.

« Les frais de change, d'assurance et de transport d'espèces à l'étranger, ainsi que commissions pour payement des coupons seront à la charge du Gouvernement.

« Les directeurs de la Caisse prendront les accords préalables avec le Ministre des finances pour toutes ces opérations; mais le

Ministre décidera si l'expédition des sommes doit être faite en groupes ou par lettres de change.

Art. 7.

« La Caisse ne pourra employer aucun fond, soit ou non disponible, en opérations de Crédit, Commerce, Industries ou autres.

Art. 8.

« Le Gouvernement ne pourra, sans l'avis conforme des Commissaires qui dirigent la Caisse de la Dette publique, pris à la majorité, porter dans aucun des impôts spécialement affectés à la Dette, des modifications qui pourraient avoir pour résultat une diminution de la rente de cet impôt. Toutefois le Gouvernement pourra affermer un ou plusieurs de ces impôts, pourvu que le contrat de fermage assure un revenu au moins égal à celui déjà existant, et conclure des traités de commerce portant modifications aux droits de douane.

Art. 9.

« Le Gouvernement s'engage à n'émettre aucun bon du Trésor ni aucun nouveau titre et à ne contracter aucun autre emprunt de quelque nature que ce soit.

« Ce même engagement est pris au nom de la Daïra Sanieh.

« Cependant, si par des motifs d'urgence nationale, le Gouvernement se trouvait dans la nécessité de recourir au Crédit, il pourrait le faire, dans la limite du strict besoin, et sans porter aucune atteinte à l'affectation des revenus destinés à la Caisse de la Dette publique ni aucune diversion à leur versement et à leur destination.

« Ces emprunts, tout exceptionnels qu'ils soient, ne pourront être contractés qu'après l'avis conforme des Commissaires-directeurs de la Caisse.

Art. 10.

« Afin que les dispositions du précédent article ne créent pas d'obstacle à la marche de l'administration, le Gouvernement pourra établir un compte-courant auprès d'une Banque pour faciliter ses payements, moyennant anticipations à régler sur les recettes de l'année. Le solde actif ou passif en sera réglé à la fin de chaque année. Le découvert de ce compte-courant pendant l'année ne pourra jamais dépasser cinquante millions de francs.

« Fait au Caire, le 2 mai 1876.

« *Signé :* ISMAIL. »

Décret d'unification de la dette égyptienne.

« NOUS, KHÉDIVE D'ÉGYPTE,

« Considérant que les emprunts contractés en 1862, 1864, 1868, 1873, 1865, 1867 et 1870, par le Gouvernement et la Daïra Sanieh, s'élevaient originairement à la somme de soixante cinq millions, quatre cent quatre-vingt-dix-sept mille, six cent soixante Livres sterling, laquelle se trouve aujourd'hui réduite à cinquante-quatre millions, sept cent quatre-vingt-treize mille, cent cinquante Livres sterling par effet des titres amortis jusqu'à ce jour;

« Considérant qu'à cette dette, contractée par des emprunts avec amortissement, vient s'ajouter la dette flottante contractée, tant par le Gouvernement que par la Daïra, pour combler le déficit résultant du défaut d'exécution intégrale du contrat relatif à l'emprunt 1873, non compris la prévision contenue dans ledit contrat, article 19, pour l'achèvement des travaux publics déjà en cours d'exécution, ainsi que pour faire face aux dépenses occasionnées par des cas de force majeure et par des calamités publiques;

« Considérant que cette dette a été en grande partie contractée par voie d'opérations de crédit qui, s'étant imposées au Gouvernement en temps de crise ou en d'autres circonstances exceptionnelles et urgentes, ont été conclues à des taux onéreux pour le Trésor de l'État;

« Considérant que pour rendre possible au Trésor et à la Daïra Sanieh de satisfaire ces différentes dettes, et pour mieux assurer dans l'avenir les intérêts des créanciers moyennant une mesure conforme aux exigences communes, il a été reconnu opportun et utile d'unifier toutes ces dettes en constituant une dette générale portant intérêt à 7 %, et remboursable en 65 ans;

« Considérant que vu le taux d'émission des divers emprunts avec amortissement, les titres relatifs à ces emprunts venant à être unifiés ou pair de leur valeur nominale, profitent d'une bonification dont il est juste d'étendre le bénéfice aux porteurs des obligations de la dette flottante de l'État et de la Daïra Sanieh, dans une proportion qui établisse autant que possible l'égalité entre tons les créanciers; qu'il est équitable aussi d'accorder aux porteurs des titres des emprunts de 1864, 1865 et 1867, dont les dernières échéances sont prochaines, une compensation au prolongement plus sensible pour eux du délai d'amortissement :

« Considérant que l'annuité nécessaire au service de la dette générale unifiée s'élevant à quatre-vingt-onze millions Livres sterling, sera de six millions quatre cent-quarante-trois mille, six cents livres sterling; mais que pour déterminer la charge qui grèvera effectivement le budget ordinaire de l'État, il faut en déduire la somme de six cent quatre-vingt-quatre mille, quatre cent onze livres sterling, contribution de la Daïra Sanieh, proportionnelle à l'importance de ses dettes unifiées avec celles de l'État; qu'ainsi l'annuité à la charge de l'État est de cinq millions sept cent cinquante-neuf mille, cent quatre-vingt-neuf Livres sterling;

« Considérant que l'unification des Dettes de l'État en une seule Dette générale rendent inopportune la continuation de paiement de la Moukabalah, par laquelle le Gouvernement se proposait de concourir à l'extinction de la dette flottante moyennant l'anticipation de six annuités de l'impôt foncier;

« Considérant que par effet de cette anticipation, un des plus important revenus de l'État se trouverait après quelques années considérablement réduit, tandis que dans l'intérêt du Gouvernement et des créanciers de l'État ce qu'il faut, c'est que le revenu du Trésor soit assuré de manière à satisfaire aux intérêts et à l'amortissement de la dette publique, ainsi qu'aux dépenses budgétaires ;

« Considérant que par ces motifs, Notre Conseil Privé Nous a proposé et Nous avons approuvé d'arrêter l'opération de la Moukabalah en accordant à ceux qui ont fait des anticipations les droits et priviléges qui leur auraient été définitivement acquis sur la propriété, seulement après payement intégral de la Moukabalah et en prenant des mesures équitables soit pour la restitution de ces anticipations, soit pour une réduction proportionnelle d'impôts; ce qui aura pour résultat d'éviter une réduction considérable dans un des principaux revenus de l'État.

Considérant d'ailleurs que pour la garantie des créanciers il était nécessaire de créer une caisse spéciale chargée de recevoir le montant des revenus affectés à la dette et d'en faire le service ;

« Notre Conseil Privé entendu,

« AVONS DÉCRÉTÉ ET DÉCRÉTONS :

ARTICLE PREMIER.

« Toutes les dettes de l'État et celles de la Daïra Sanieh résultant des emprunts contractés en 1862, 1864, 1868, 1873, 1865, 1867, et 1870, la dette flottante de l'État et la dette flottante de la Daïra Sanieh, comprenant les Bons du Trésor et tous autres titres ou obligations, sont unifiés en une Dette générale dont les titres porteront 7 p. % d'intérêt sur le capital nominal et seront amortissables en 65 ans par tirages semestriels.

« L'unification est faite au pair du taux nominal des titres des anciens emprunts pour les emprunts 1862, 1868, 1870, et 1873.

« Les titres de la dette générale seront délivrés : à 05 p. % de leur capital nominal aux porteurs des titres des emprunts 7 % 1864, 1865, et 9 p. % 1867. Pour ce dernier emprunt, la différence du taux de l'intérêt sera capitalisée en titre au profit des porteurs. A 80 p. % de leur capital nominal aux porteurs des titres des dettes flottantes de l'État et de la Daïra Sanieh, sous forme de Bons du Trésor et autres titres ou obligations qui les constituent.

Par effet de cette opération, la dette générale unifiée sera de quatre-vingt-onze millions de Livres sterling en valeur nominale, jouissance du 15 juillet 1870.

Art. 2.

La dette emprunt et la dette flottante de la Daïra Sanieh est tenue de verser annuellement à la Caisse de la Dette publique la somme de six cent quatre-vingt-quatre mille, quatre cent onze Livres sterling représentant sa part proportionnelle dans l'annuité totale nécessaire au service de la Dette, pour intérêts et amortissement.

Art. 3.

« Les revenus affectés spécialement au service de la Dette générale sont :

Moudirieh de Garbieh	£ 1,201,523
Moudirieh de Menoufieh	714,107
Moudirieh de Behera	421,312
Moudirieh de Siout	732,170
Octrois du Caire	315,389
Octrois d'Alexandrie	173,837
Douanes d'Alexandrie, Suez, Damiette, Rosette, Port-Saïd et El-Arich	639,677
Chemins de fer	990,806
Droits des Tabacs	261,015
Revenus du Sel	200,000
Fermage de Matarieh	60,000
Revenus des Écluses et droits de navigation sur le Nil jusqu'à Wady Halfa	30,000
Pont de Kasr-el-Nil	15,000
	£ 5,790,845
Contribution de la Daïra qui sera payée au fur et à mesure de ses rentrées	684,411
Total général des revenus affectés	£ 6,475,256

Art. 4.

« Les titres de la Dette générale unifiée seront de vingt, cent, cinq cents et mille Livres sterling, avec coupons payables semestriel-ement.

« Le tirage des titres pour l'amortissement semestriel sera fait par les commissaires directeurs de la Caisse de la Dette publique.

« Ces titres seront délivrés en échange des titres des anciens emprunts et des titres de la Dette flottante, aux conditions prescrites dans l'article 1er du présent Décret.

Art. 5.

« Un groupe composé de maisons de banque et d'établissements financiers s'est chargé par contrat de l'opération de l'unification de la Dette. Des commissaires spéciaux du Gouvernement seront nommés par Nous pour surveiller l'exécution régulière de ces opérations.

Art. 6.

« Pour le service de la Dette unifiée est créé une Caisse spéciale dont les statuts sont arrêtés par notre précédent Décret qui doit être considéré comme complément du présent Décret.

Art. 7.

« Notre Ministre des Finances est chargé du présent Décret.

« Fait au Caire, le 7 mai 1876.

« Signé : ISMAIL. »

V

De l'ensemble de ces deux décrets il ressort les faits suivants :
S. A. le Khédive a proposé à la direction de la caisse de
la Dette publique des commissaires étrangers (Français, Autrichien, Italien), ainsi qu'il sera dit plus loin, désignés par leur
gouvernement respectif, et chargés d'encaisser les revenus
nécessaires au service de la dette.

L'annuité nécessaire au service de l'intérêt et de l'amortissement est de £ 6,443,600.

Les revenus spécialement affectés à ce service sont, d'après
l'expérience des derniers Exercices, d'un produit annuel de
£ 6,475,256.

Dans le cas d'insuffisance de ces revenus, le Trésor devra
compléter cette insuffisance par un versement à la caisse de la
Dette publique, quinze jours avant l'échéance de chaque semestrialité.

Les tableaux mensuels des recettes effectuées par les percepteurs des impôts spécialement affectés au service de la dette,
devront être communiqués chaque mois aux Directeurs de la
caisse.

Les percepteurs de ces revenus sont obligés d'en faire le
versement à la caisse spéciale de la Dette publique, et ne pourront être valablement déchargés que par les quittances qui leur
seront délivrées par la caisse de la Dette publique, tout autre
ordre ou quittance étant sans effet.

Et enfin l'ensemble de ces dispositions est soumis à la juridiction des nouveaux tribunaux institués en Egypte, suivant l'accord établi avec les Puissances : tous les États Européens et l'Amérique.

VI

Examinons les garanties et les résultats qu'on doit en attendre.

L'installation de la caisse de la Dette publique et sa direction confiée à des commissaires étrangers ne sont-ils pas des faits considérables, pour ceux surtout, qui portent leurs regards plus loin que le fait matériel? N'est-ce point là l'indice le plus certain de la ferme intention de la part du gouvernement égyptien d'exécuter fidèlement ses engagements?

L'affectation spéciale de revenus déterminés dont le montant est supérieur au service de la dette, et les mesures qui en assurent le versement direct à la caisse de la Dette publique, transmettent directement aux créanciers, en la personne des commissaires, le montant de ces revenus, avec cette circonstance que si cette délégation n'était point suffisante, le Trésor doit la compléter.

Sans m'étendre davantage sur les garanties résultant pour les porteurs de la Dette égyptienne, des pouvoirs conférés aux commissaires désignés par les gouvernements étrangers, après entente avec ces gouvernements, je signalerai la sanction indiscutable de ces pouvoirs, par l'attribution de juridiction aux

nouveaux tribunaux, de tout ce qui concerne la tutelle des garanties de la dette.

Personne n'ignore aujourd'hui que les juges composant ces
tribunaux, choisis dans la magistrature des États qui ont
coopéré à la réforme judiciaire en Egypte, constituent un corps
de justice qui peut être classé parmi les plus éclairés et les
plus respectables, qu'il est revêtu d'une autorité considérable
s'exerçant avec la plus complète indépendance.

Or, les articles 6 et 7 du code civil égyptien, rédigé d'accord
avec les États, sont ainsi conçus :

« Art. 6. — Le Gouvernement, les Administrations, les
« Daïras de S. A. le Khédive et des membres de sa famille,
« seront justiciables de ces tribunaux dans les procès avec les
« étrangers.

« Art. 7. — Ces tribunaux, sans pouvoir statuer sur la pro-
« priété du domaine public, ni interpréter ou arrêter l'exécu-
« tion d'une mesure administrative, pourront juger, dans les
« cas prévus par le code civil, les atteintes portées à un droit
« acquis d'un étranger par un acte d'administration. »

Il résulte donc de ce qui précède, entre l'attribution de juridiction aux nouveaux tribunaux, de tout ce qui concerne la tutelle
des garanties de la dette, et la convention de réforme judiciaire,
un ensemble de sécurités dont chacun peut tirer les conséquences au point de vue de l'exécution des jugements qui seraient
rendus par ces tribunaux, dans la limite de leurs pouvoirs.

A ce sujet, je citerai une autorité considérable, M. de Lesseps, qui, dans le rapport à l'assemblée générale de 1876 des
actionnaires de la Compagnie du Canal de Suez, dit :

« Un fait important s'est produit en Egypte depuis notre
« dernière réunion : c'est l'adoption par tous les États et le
« bon fonctionnement de la réforme judiciaire. Nous nous féli-
« citons d'avoir contribué à ce résultat éminemment civilisa-
« teur, malgré les critiques dont la Compagnie a été l'objet à
« ce sujet. C'est aujourd'hui surtout que l'on peut comprendre
« combien cette réforme était de nature à influer sur la sécu-
« rité des relations commerciales et financières de l'Égypte
« avec les nations étrangères. Elle a été la base et nous espé-
« rons qu'elle deviendra la garantie d'une institution non moins
« importante, celle de la réforme financière confiée à des ad-
« ministrateurs éminents choisis en Europe. Nous avons per-
« sonnellement la confiance que cette heureuse innovation
« relevera le crédit égyptien en proportion des immenses res-
« sources du pays. »

La création de la caisse de la dette publique établit dans les
finances égyptiennes un rouage nouveau qui donne aux porteurs
des titres une sécurité considérable. Et il ne faut pas perdre
de vue que la désignation de commissaires par les gouvernements français, italien et autrichien, n'a été faite que postérieu-
rement aux décrets de création de la caisse de la Dette publique
et d'unification de la totalité de la Dette à £ 91,000,000 sterling; qu'elle n'a, en conséquence, pu être faite qu'en raison des
garanties résultant de ces décrets même, pour la stricte exécution des engagements divers qui y sont insérés.

VII.

S. A. le Khédive voulant, tant dans l'intérêt des créanciers que dans celui de l'État, compléter l'organisation de l'administration générale des finances, pour assurer la rentrée exacte et régulière des impôts et leur emploi normal, suivant un budget en rapport avec les ressources et les besoins, décréta, les 11 et 14 mai 1876, l'institution d'un Conseil suprême du Trésor et la nomination du président de ce Conseil.

Par un autre décret du 22 mai 1876, les commissaires de la Caisse de la Dette publique, désignés par les gouvernements : français (M. de Blignières), autrichien (M. de Kremer), italien (M. Baravelli), furent nommés à leurs fonctions.

Nous transcrivons ici ces décrets, afin de tirer plus loin les conséquences qui résultent, tant de leurs dispositions même, que des fonctions multiples et corrélatives auxquelles sont appelés MM. de Blignières, Baravelli et de Kremer, les unes en vertu de la désignation faite par leur gouvernement respectif, comme commissaires de la Caisse de la Dette publique, et les autres par la spontanéité du Khédive et avec l'agrément desdits gouvernements, en qualité d'inspecteurs des finances égyptiennes.

Décret portant institution du Conseil Suprême du Trésor

« Nous Khédive d'Égypte,

« Notre Conseil privé entendu,

« Avons décrété et décrétons »

TITRE PREMIER

Institution du Conseil Suprême du Trésor et ses attributions.

Article premier

« Il est institué un Conseil Suprême du Trésor.

« Ce Conseil sera divisé en trois sections.

« La première aura la dénomination d'inspection générale des revenus et des Caisses de l'État.

« La seconde celle de section de surveillance des recettes et des dépenses.

« La troisième celle de section pour le jugement des comptes.

« Les trois sections fonctionneront séparément ou réunies suivant les cas et les modes prévus par le présent Décret.

Art. 2.

« La première section sera chargée de l'inspection de la Trésorerie centrale et de la surveillance de sa comptabilité.

« Cette inspection et cette surveillance s'étendront à tout autre caisse qu'on pourra établir pour quelque service spécial.

« La section ou celui des membres qui sera délégué par elle, aura la faculté de prendre en tous temps connaissance de l'état de ces caisses, et d'en vérifier les écritures.

« Les rapports des Inspecteurs chargés par le Ministre des Finances de l'inspection des autres caisses et des caisses de perception, seront communiqués par lui au Conseil Suprême.

« Cette section surveillera l'exacte rentrée de tous les revenus et l'exécution de leur emploi.

« Tout abus ou irrégularité sera par eux dénoncé au Conseil Suprême et poursuivi devant la seconde section contre les agents responsables, dans les termes des articles suivants.

« L'Inspecteur délégué par la section ne pourra prendre que des résolutions provisoires ; il faut une délibération de la section pour les rendre définitives.

Art. 3.

« La seconde section seule ou réunie conformément aux dispositions suivantes :

A « Fera l'examen préalable de tous les engagements qui auront pour effet une dépense à la charge du Budget de l'État, et de tous les ordres ou mandats de payement ou ouvertures de crédit en faveur des fonctionnaires autorisés à expédier des bons de payement, jusqu'à la concurrence de la somme mise à leur disposition.

B « Vérifiera ces bons de payement et prononcera sur la responsabilité des fonctionnaires qui auront fait des dépenses ou des payements non justifiés.

C « Si un engagement, un ordre ou un mandat manque de justification ou des formes régulières, ou s'il est fait par une autorité incompétente, la section en fera l'observation au Ministre des finances ; et dans le cas que l'administration persiste, l'acte ne pourra devenir exécutoire que par une délibération du Conseil Privé. L'acte ainsi approuvé sera enregistré par ordre.

« Chaque mois la section remettra au Ministre des finances, pour être remise au Secrétariat du Khédive, une note des actes enregistrés par ordre ; une copie de cette note sera communiquée aux autres sections du Conseil.

D « Tout engagement portant dépense, tout ordre ou mandat de payement ou ouverture de crédit dont le montant réuni aux sommes de la même nature déjà engagées ou dépensées, excède la prévision du Budget ou crée une dépense nouvelle, pour laquelle aucune somme ne se trouve assignée dans le Budget, sera suspendu par une délibération qui en expliquera les motifs.

« Le Conseil Privé avisera, et dans le cas qu'il juge la dépense nécessaire, et que Son Altesse le Khédive l'approuve, on expédiera un Décret spécial qui, ordonnant la dépense, indiquera en même temps les moyens pour y pourvoir.

« En conséquence de ce Décret, on fera dans le passif ainsi que dans l'actif du Budget les modifications ou les nouvelles inscriptions qui seront nécessaires pour pourvoir à son exécution.

E « Cette section veillera sur l'exact versement des recettes dans les caisses du Trésor.

Art. 4.

« Sur la requête du Ministre des finances ou sur les rapports des Inspecteurs transmis par l'intermédiaire du Ministre des finances, elle prononcera des arrêtés, ayant force exécutoire, contre tout agent de la perception qui, ayant recouvré des sommes, ne les aura pas versées dans une des Caisses qui seront indiquées à l'avance par le Ministère des finances : contre tout agent ou caissier qui n'aura pas régulièrement fait les versements et contre les caissiers qui auront fait des payements abusifs ou irréguliers.

« Est considéré comme abusif et irrégulier tout payement fait sur un acte sans l'accomplissement des formes prescrites par la loi.

« Ce payement est nul et reste à la charge de celui qui l'aura exécuté. Parmi ces formes il faut compter, comme une des plus essentielles, celles que les règlements prescrivent pour déterminer la qualité du titre qui peut donner droit aux payements auprès des différentes caisses, ou les obliger à une remise de fonds. En ce cas, le caissier est responsable des payements faits en exécution de toute autre espèce d'ordre ou mandat ayant une forme différente.

« Il suffit, pour libérer la responsabilité du payeur, que les formes de l'acte soient en règle et que les formalités prescrites aient été remplies, quel que soit le mérite de la dépense.

« Dans le cas prévu à la lettre **D** de l'article précédent, s'il y a désaccord entre les membres de la deuxième section sur la définition de la dépense ou sur la suffisance des fonds pour la payer, la question sera résolue par la première et la deuxième section réunies.

« Ces sections réunies délibéreront aussi sur les mandats et ordres de payement qui arriveraient aux caisses dépourvus de l'enregistrement auprès du Conseil du Trésor.

Art. 5.

« La troisième section jugera et arrêtera les comptes de tous les comptables qui seront obligés par les règlements à donner un compte judiciaire.

« L'examen des comptes sera fait par les référendaires comptables dout il sera parlé au Titre III.

« Le compte général consomptif sera arrêté et les comptes généraux de la Trésorerie seront jugés par la réunion de la troisième et de la première section.

« Les comptables qui se croiront lésés par ces jugements auront le droit de les faire réviser par la réunion de la première et de la deuxième section.

Art. 6.

« Le Conseil Suprême du Trésor a le droit de demander aux Ministres et aux chefs des différentes administrations de l'État, toutes les informations et les documents qui se rapportent à l'exercice de ses fonctions.

« Il a aussi le devoir de dénoncer au Conseil Privé et aux Ministres, en avisant en même temps le Ministre des Finances, les infractions aux lois et aux règlements relatifs à l'administration financière de l'État, et dont il aura pris connaissance en remplissant les attributions qui lui sont confiées.

« Il a aussi le mandat de présenter au Conseil privé par l'intermédiaire du Ministre des Finances, à la fin de chaque année financière, un rapport sur la situation générale du Trésor de l'État, sur la marche générale de la comptabilité de l'État, et sur les réformes utiles qu'on pourrait introduire dans le service comptable et dans l'administration financière des dépenses et des recettes.

TITRE II.

Formation du Budget de l'État.

Article premier.

· « Trois mois avant que la gestion d'une année financière soit arrivée à son terme, le Ministre des Finances arrêtera le Budget de l'année suivante.

« Les recettes et les dépenses seront distinctes suivant leur nature et spécifiées autant que possible.

« Le projet du Budget sera soumis au Conseil Suprême du Trésor pour entendre ses avis et les idées qu'il pourra suggérer pour en rendre la rédaction meilleure et plus exacte.

Art. 2.

« A la fin de l'année budgétaire on arrêtera un compte de caisse qui comprendra tous les payements effectivement faits et toutes les recettes effectivement encaissées.

Art. 3.

« On ajoutera au Budget présomptif déjà arrêté pour l'année suivante et sous la dénomination de résidus actifs, toutes les différences entre les recettes présumées et les recettes ensaissées, ainsi que les autres crédits non réalisés, et sous la dénomination de résidus passifs, les différences entre les dépenses prévues et les payements faits.

« Après trois mois de la nouvelle gestion, on réduira ces diffé-

reuces à leur juste valeur en réduisant les recettes présumées et
arriérées et les dépenses à faire dans une plus juste mesure que celle
qui avait été originairement prévue.

« Le Budget définitif de l'année sera composé de ces divers
éléments.

Art. 4.

« Un premier exemplaire du Budget, du tableau des résidus actifs
et passifs et de leurs rectifications successives sera remis au Ministère des Finances: un secoud exemplaire sera déposé au Conseil
Suprême du Trésor.

TITRE III.

Composition et organisation des trois Sections du Conseil Suprême du Trésor.

Article premier.

« Le Conseil suprème du Trésor sera composé de dix Conseillers, dont cinq indigènes et cinq étrangers et d'un Président nommé
par Son Altesse le Khédive.

« Il y aura un Secrétariat général du Conseil

Art. 2.

« La première section sera composée de trois membres étrangers.

« Elle sera présidée tour à tour par un de ses membres par
ordre d'ancienneté d'âge. Le Président restera en fonctions six
mois.

Art. 3.

« La seconde section sera composée de cinq membres, c'est-à-dire de quatre Conseillers, dont deux étrangers, et deux indigènes et du Président du Conseil, qui sera aussi Président de section. Cette section choisira dans son sein un Vice-Président.

« Un des Membres de cette section sera par elle délégué pour remplir les fonctions de Ministère Public. Le Président du Conseil Suprême déléguera un des référendaires, dont il est question à l'article 4 suivant, pour remplir les fonctions de substitut du Ministère Public.

« A la dépendance de cette section sera institué un bureau pour la tenue des livres en rapport aux Budgets et pour l'enregistrement des actes soumis à son examen par le présent Décret.

Art. 4.

« La troisième section sera composée de trois membres indigènes.

« A cette section sera ajouté un corps de six référendaires des comptes. Deux de ces référendaires, parmi lesquels se trouvera celui qui a examiné le compte, interviendront avec voto dans la section appelée à juger. Deux de ces référendaires seront étrangers.

Art. 5.

« La nomination des Membres du Conseil et du Secrétaire général sera faite par Décret de Son Altesse le Khédive. Les conditions de traitement et autres seront fixées par leurs contrats d'engagements respectifs. »

Art. 6.

« La destitution, la privation des fonctions, aussi bien que la retraite par autorité d'un membre du Conseil Suprême du Trésor, ne peut-être ordonnée que par Décret de Son Altesse le Khédive, rendu sur l'avis conforme de Son Conseil Privé. »

Art. 7.

« Le Conseil Suprême fera son Règlement pour le service intérieur, pour l'organisation de son secrétariat général et de ses différents bureaux et pour la distribution des affaires. »

« Fait au Caire, le 11 mai 1876. »

« *Signé :* ISMAIL. »

Décret de nomination du Président du Conseil supérieur du Trésor.

« Nous Khédive d'Égypte,

Vu Notre Décret en date du 11 mai 1876, relatif à l'institution d'un Conseil Suprême du Trésor,

« Monsieur le Commandeur Scialoja, Sénateur du Royaume d'Italie, ayant bien voulu accepter à titre temporaire et sans appointements fixes d'organiser le Conseil suprême du Trésor et de le présider. »

« Nous lui confions cette mission par le présent Décret. »

« Fait au Caire, le 14 mai 1876. »

« *Signé :* ISMAIL. »

Décret de nomination des Commissaires-Directeurs de la Caisse de la Dette publique.

« Nous Khédive d'Égypte,

« Vu notre Décret en date du 2 Mai 1876, relatif à l'institution de la Caisse de la Dette Publique,

« Avons décrété et décrétons :

« Sont nommés Commissaires-Directeurs près la Caisse de la Dette Publique :

MM.
De Kremer,
De Blignières,
Baravelli.

« La Caisse de la Dette Publique commencera son fonctionnement le 10 juin 1876.

« Fait au Caire, le 22 mai 1876.

« *Signé :* ISMAIL. »

Par un décret postérieur, S. A. le Khédive a nommé les mêmes personnes, avec le consentement de leur gouvernement respectif, conseillers de la première section du Conseil suprême du Trésor, section qu'ils composent seuls; ces fonctions ont une importance considérable, et comportent, notamment, l'inspection générale des finances égyptiennes.

En sorte que MM. de Blignières, Baravelli et de Kremer, sont, en qualité de Directeurs de la Caisse de la Dette publique, chargés de recevoir les revenus spécialement affectés au service de la Dette, et, en qualité de membres du Conseil suprême du Trésor, investis des plus hautes fonctions d'inspection et de contrôle de l'administration entière des finances égyptiennes.

Là se trouve la preuve la plus évidente de la ferme volonté de S. A. le Khédive d'apporter dans le système financier de l'Égypte les améliorations que pourront lui signaler ces hauts fonctionnaires. Le mérite éprouvé de chacun d'eux, qui les a désignés au choix de leur gouvernement respectif, ne laisse aucun doute sur le succès complet de leur importante mission.

Ce Conseil suprême du Trésor, organisé par M. Scialoja, ancien ministre des finances et sénateur du royaume d'Italie, est présidé par lui : sa haute honorabilité autant que ses lumières, sont un sûr garant du fonctionnement régulier de cette institution.

Pour ceux qui, sans parti pris, voudront examiner sérieusement les choses, n'est-ce point un résultat important que l'administration des finances égyptiennes confiée à un Conseil dans lequel l'élément européen est en majorité? N'est-ce point la preuve que S. A. le Khédive a désiré s'inspirer surtout des errements suivis dans les divers États d'Europe pour la gestion des finances, afin d'en faire l'application à son propre pays?

VIII.

Je crois avoir énuméré, sommairement au moins, les garanties dont les nouveaux titres de la Dette unifiée, s'élevant à £ 91 millions sterling, vont être entourés. Quant à ce chiffre même de £ 91 millions, dans lequel diverses publications signalent une différence, l'une d'elles ajoutant : *M. Cave s'est trompé ou a été trompé de 120 millions de francs dans l'évaluation de la dette,* je n'ai qu'un mot à dire : M. Cave a lui-même, lors d'un débat au Parlement anglais, fourni les éléments de cette différence, qui s'explique parfaitement par la partie consolidée de la Moukabala, les dépenses plus élevées que celles prévues pour la guerre d'Abyssinie, terminée depuis longtemps, et les renouvellements effectués depuis le rapport de M. Cave, sur partie de la dette flottante.

A ce sujet, il a été publié une série de décomptes plus ou moins inexacts ; celui même faisant partie des documents mis tout récemment à la disposition des membres du Parlement anglais et extrait d'une dépêche de M. Wilson à sir Northcote, quoique conforme, quant au total, £ 91 millions, n'est point d'une rigoureuse exactitude quant aux détails, dont quelques-uns se rapportent à des combinaisons élaborées avant la réalisation de l'unification, telle qu'elle résulte du traité et du décret du 7 mai 1876. Mais ce sont là simplement des déplacements d'applications, qui ne modifient en rien le résultat de l'unification de la totalité de la dette à £ 91 millions, quoique diverses publications anglaises aient insinué que S. A. le Khédive cherchait à négocier avec le Syndicat chargé de l'opération une avance de £ 3 millions en dehors de ce total, ce qui est absolument inexact.

Dans ce total sont comprises diverses dettes de détail qui sont représentées dans l'unification par des titres revenant au Gouvernement pour faire face à ces besoins, qu'il désire ne point laisser en souffrance, tout en ne voulant point réaliser ces titres aux cours actuels, trop inférieurs à la valeur réelle.

Au surplus, le Khédive s'est obligé, par l'article 9 du décret d'institution de la Caisse de la Dette publique, à n'émettre aucun bon du Trésor ni aucun nouveau titre et à ne contracter aucun emprunt, de quelque nature que ce soit, avec cette circonstance que, même en cas d'urgence nationale, dans la limite du strict besoin et sans porter atteinte à l'affectation des revenus destinés à la Caisse de la Dette publique, aucun emprunt ne pourrait être contracté qu'après l'avis conforme des Directeurs de la Caisse de la Dette publique.

IX.

Les détails d'exécution de l'opération furent consignés dans un règlement arrêté le 25 mai 1876 d'accord avec le Ministre des finances d'Egypte, règlement qui désigne officiellement le Comptoir d'Escompte de Paris pour toutes les opérations concernant l'unification, et qui a été approuvé par un décret du même jour, le tout dans les termes suivants :

Décret portant approbation du Règlement pour l'exécution du décret du 7 mai 1876, relatif à l'unification de la Dette publique d'Egypte.

« Nous Khédive d'Egypte,

« Notre Conseil Privé entendu,

Avons décrété et décrétons :

« Est approuvé le Règlement en date de ce jour dont la teneur suit, arrêté selon Notre ordre par Notre Ministre des Finances et concernant l'exécution de Notre Décret du 7 mai 1876, relatif à l'Unification de la Dette Publique d'Egypte.

« Fait au Caire, le 25 Mai 1876.

« *Signé:* ISMAIL. »

Règlement concernant l'exécution du Décret de S. A. le Khédive, en date du 7 mai 1876, relatif à l'unification de la Dette Publique d'Egypte.

ARTICLE PREMIER.

« Les titres de la Dette Publique d'Egypte 7 % unifiée par Décret du 7 mai 1876, seront délivrés jouissance du 15 juillet 1876, amortissables au pair en 65 ans par tirages semestriels.

ART. 2.

« Ces titres seront au porteur par Coupures de cinq cents francs, deux mille cinq cents francs, douze mille cinq cents francs, et vingt-cinq mille francs, ou bien par coupures de Livres vingt, cent, cinq cents, et mille Sterling, au choix des intéressés lors de l'émission, et d'ici au 15 juillet 1876.

ART. 3.

« Ils seront rédigés en langue française et langue anglaise, revêtus du timbre français ou anglais, au choix des intéressés et aux frais du Gouvernement Egyptien; ils seront munis pour soixante-cinq ans de Coupons semestriels payables les 15 janvier, 15 juillet de chaque année; le payement des premiers coupons aura lieu le 15 janvier 1877.

ART. 4.

« Ces titres seront signés par deux représentants du Gouvernement Egyptien dont un au moins choisi parmi les Commissaires-Directeurs de la Caisse de la Dette publique d'Égypte, instituée par Décret du 2 Mai 1876; ils ne pourront être frappés d'aucun impôt par le Gouvernement Egyptien.

Art. 5.

« Les tirages semestriels d'amortissement s'effectueront au Caire en séance publique, par les Commissaires-Directeurs de la Caisse de la Dette publique d'Égypte ; ils auront lieu les 15 Avril et 15 Octobre de chaque année ; le premier tirage aura lieu le 15 Octobre 1876.

« Le remboursement des titres sortis aux tirages s'effectuera en même temps que le payement du coupon qui suivra le tirage, soit le 15 Janvier 1877 pour les titres sortis aux tirages du 15 Octobre 1876.

Art. 6.

« Les coupons seront payés et les titres sortis aux tirages seront remboursés en or, sans retenue d'aucune espèce, au Caire, à Paris et à Londres.

Art. 7.

« Les titres de la Dette unifiée étant délivrés valeur du 15 Juillet 1876, tous les coupons des anciens titres arrivant à échéance avant cette date, seront payés en or, à leur échéance et sur leur présentation ; quand aux fractions de coupons des anciens titres acquises aux porteurs au 15 Juillet 1876, elles seront payées en or, au moment de l'échange de ces anciens titres contre les titres de la dette unifiée.

Art. 8.

« L'échange des titres s'effectuera dans les conditions suivantes :

« 1° Pour les emprunts de 7 °/₀ 1862, 1868, 1870 et 1873, l'échange se fera au pair, c'est-à-dire que les titres anciens seront échangés contre des titres nouveaux d'égale valeur nominale ;

« 2° Pour les Emprunts 7 °/₀ 1864, 1865, et 9 °/₀ 1867, l'échange se fera à 95 °/₀, c'est-à-dire que pour 95 titres anciens on recevra 100 titres nouveaux, chacun de valeur nominale égale à celle de chacun des 95 titres anciens.

« Les porteurs de l'Emprunt 9 °/₀ 1867 recevront, en outre, en titres nouveaux la différence de 2 °/₀ d'intérêts, différence qui sera capitalisée à leur profit de façon à ce que, dans les mêmes conditions que pour les porteurs des autres titres, il leur sera donné l'équivalent exact de leurs titres actuels.

« 3° Pour les dettes flottantes, l'échange se fera à 80 °/₀, c'est-à-dire que pour 80 titres de 500 francs chacun des dettes flottantes, on recevra 100 titres nouveaux d'une valeur nominale de 500 francs chacun.

« Toutefois les titres de la dette unifiée étant délivrés jouissance du 15 juillet 1876, les porteurs des titres des dettes flottantes dont l'échéance est antérieure au 15 juillet 1876, recevront en addition du montant de leurs titres, en nouveaux titres à 80 °/₀, l'intérêt au taux de 7 °/₀ l'an, sur le montant de leurs titres des dites dettes flottantes calculé de l'échéance à la date du 15 juillet 1876, tandis que les porteurs des titres des dettes flottantes dont l'échéance est postérieure au 15 juillet 1876, subiront un escompte au taux de 7 °/₀ l'an sur le montant de leurs titres des dites dettes flottantes, calculé du 15 juillet 1876 à la date de l'échéance.

Art. 9.

Il ne sera délivré aucune Coupure de titres de la dette unifiée pour les fractions inférieures à 500 fr. ou £ 20 St., les soultes qui seront dues pour obtenir un titre de 500 fr. ou £ 20 St. devront être payées en espèces à 80 °/₀ du nominal ; toutefois, il pourra être délivré des récépissés provisoires pour les fractions et plusieurs fractions pourront être réunies pour obtenir la délivrance d'un seul titre.

Art. 10.

Tous les titres, soit des anciens emprunts, soit des dettes flottantes présentés à l'échange seront vérifiés par un représentant du Gouvernement Egyptien ; ces anciens titres seront annulés, lors de leur présentation.

Art. 11.

« Lorsque les titres, soit des anciens Emprunts soit des dettes flottantes, seront présentés à l'échange, si les nouveaux titres ne sont point encore en état d'être délivrés, il devra être remis aux porteurs, des récépissés provisoires constatant le dépôt, et contenant l'indication des titres déposés et toutes autres d'usage.

Art. 12.

« La remise des titres de la dette unifiée sera valablement effectuée aux porteurs soit des anciens titres, soit des récépissés provisoires qui auraient été délivrés en échange des titres déposés.

Art. 13.

« Les opérations d'échange de titres seront faites sans frais pour les porteurs, qui devront, toutefois, se présenter aux endroits qui seront indiqués pour l'échange des titres.

« Les opérations commenceront le 31 mai 1876, un avis ultérieur indiquera l'époque de leur clôture.

Art. 14.

« Toutes les opérations concernant l'unification de la Dette publique d'Égypte seront effectuées par le Comptoir d'Escompte de Paris et ses succursales ; elles seront centralisées à Paris, au Siége de cet Etablissement, qui pourra désigner des Correspondants pour l'échange des titres, partout où il le jugera convenable.

« Par ordre de Son Altesse le Khédive.

« Fait au Caire, le 25 mai 1876.

« Le Ministre des Finances d'Égypte,
« Signé : ISMAIL SADDIK. »

19

Les intéressés trouveront dans ce document les règles qui doivent présider à l'échange de leurs titres actuels contre les titres de la Dette unifiée ; ils trouveront, en outre, au Comptoir d'Escompte et dans ses succursales, des notices explicatives, notamment en ce qui concerne, pour chaque nature de titre, la portion de coupon échue au 15 juillet 1876, époque du départ de la jouissance des nouveaux titres, portion de coupon qui doit leur être payée en espèces lors de l'échange du titre ancien contre le titre nouveau.

X.

Si on objectait comme on l'a fait déjà, que les garanties des porteurs des titres des divers emprunts sont diminuées par le fait de l'unification de la dette, cette objection tombe au premier examen. En effet, les recettes des garanties affectées entraient dans le Trésor pour y être confondues avec les recettes générales de l'État et pouvaient être, momentanément au moins, détournées de leur destination, tandis que par l'affectation spéciale de certains revenus et la constitution de la caisse de la Dette publique, les garanties deviennent aujourd'hui réelles, effectives : elles sont sous la sauvegarde des commissaires-directeurs de la caisse de la Dette publique et sous la tutelle des tribunaux établis par un accord avec les Puissances.

Aussi, plus on examine attentivement la portée de ces réformes, plus la tranquillité renaît dans l'esprit des porteurs de titres. Les Anglais, si hostiles d'abord à l'opération de l'unification de la dette, commencent à revenir de leur injuste prévention, car ils sont gens trop pratiques pour ne point se rendre

un compte exact des résultats avantageux qu'on doit attendre
du fonctionnement des diverses institutions qui viennent d'être
établies et qui sont déjà en pratique.

Je dois ajouter, tout le monde le sait déjà, que toutes les
questions financières ont été l'objet d'un examen attentif par un
haut fonctionnaire des finances françaises, M. Villet, dont le
Khédive, comme les intéressés, ont su apprécier les grandes
lumières et les sages conseils, et qui actuellement encore, en
Égypte, continue d'apporter un soin vigilant au succès des
réformes financières auxquelles il a donné tout son concours.

XI.

Pour indiquer, par analogie au moins, les résultats qu'on
doit attendre des réformes financières inaugurées en Égypte,
qu'il nous soit permis de relater sommairement les résultats
obtenus à Tunis, par une administration améliorée des revenus
de ce petit État. Nous ne prenons, bien entendu, pour point
de comparaison, que la nature et le mode des améliorations
dans la gestion financière : il ne peut être établi aucun
parallèle entre cette principauté dans laquelle la civilisation
européenne est à l'état rudimentaire, qui ne possède aucun
chemin de fer, dont la production du sol, soumise au plus ou
moins d'humidité de la température, laisse des éventualités
pour les recettes du budget, et l'Égypte, le pays le plus fer-
tile du monde, couvert de chemins de fer et de canaux, et gou-
verné par un Souverain qui, dans un but de civilisation et de
progrès, a introduit successivement dans son administration et
ses finances les réformes les plus intelligentes.

A Tunis :

Un décret du Bey, du 5 juillet 1869, a institué une Commission financière.

Ce décret avait été précédé de négociations et d'une entente avec les trois gouvernements : de France, d'Angleterre et d'Italie, mais non d'une convention diplomatique.

Par suite de cette entente, M. Villet, inspecteur des finances de France, a été proposé au Bey pour la réorganisation de ses finances.

M. Villet a été nommé par le Bey, membre de la Commission financière, les autres membres étant Tunisiens.

Cette désignation de M. Villet, par les gouvernements étrangers, a été purement officieuse, aucun gouvernement n'ayant l'intention de porter atteinte à l'autonomie et à la souveraineté du Bey et ne voulant, du reste, prendre la responsabilité de l'administration des finances tunisiennes.

La Commission a fonctionné en se divisant en deux comités, l'un exécutif, composé de M. Villet et de deux membres tunisiens ; l'autre, de contrôle, composé de représentants des créanciers.

Un arrangement définitif concernant la dette a été conclu le 23 mars 1870 et a été mis sous le patronage des trois gouvernements de France, d'Angleterre et d'Italie.

La gestion des revenus affectés au service de la dette a été donnée à un corps appelé Conseil d'administration, et composé exclusivement de fonctionnaires tunisiens.

C'est dans ces conditions que fonctionne le système établi à Tunis depuis 1870. Par le fait seul de l'organisation créée par M. Villet, placée sous le patronage officieux de trois gouvernements européens, sans convention diplomatique, sans aucune sanction effective, les fonds tunisiens ont triplé de valeur, et l'obligation, produisant 25 francs d'intérêt annuel, qui valait environ 90 francs, vaut aujourd'hui environ 270 francs.

En Égypte, voici l'économie du nouveau système :

La réforme judiciaire à laquelle ont coopéré toutes les Puissances ;

Toutes les réformes financières analysées ci-dessus, pratiquées avec l'assentiment de gouvernements amis ;

Les revenus affectés au service de la Dette, versés dans une caisse spéciale sous la direction de trois Commissaires étrangers;

Ces Commissaires désignés à l'agrément du Khédive par leur gouvernement respectif;

Ces mêmes Commissaires chargés des fonctions d'inspecteurs des finances égyptiennes, en qualité de membres du Conseil Suprême du Trésor;

Divers autres fonctionnaires étrangers, nommés aussi membres de ce Conseil Suprême dans lequel ils forment la majorité ;

La tutelle des garanties de la dette confiée à la juridiction des tribunaux établis par l'accord avec les Puissances ;

En un mot, toutes les sécurités désirables et qui sont la preuve de la volonté du gouvernement égyptien d'exécuter les engagements pris.

On ne croyait pas ou on croyait peu, à son début, au fonctionnement régulier du système établi à Tunis.

Le système organisé en Égypte va aussi faire ses preuves, d'autant plus faciles que là il n'y a point à craindre de mécompte dans les revenus.

Et nous sommes profondément convaincus qu'à une époque peu éloignée, les fonds publics de cet État se capitaliseront à un taux en rapport avec les sécurités dont ils sont entourés. ..

XII.

Quelques indications générales donneront une idée des ressources de l'Égypte.

Le total général des exportations qui a quadruplé pendant la période de treize ans, depuis l'avénement du Khédive, comparativement à une période antérieure de durée égale s'est élevé, pendant les treize dernières années, à. . . . . £ 145,939,303

Le total général des importations pendant la même période ne s'élève qu'à. . . . . . . £ 61,939,567

Différence en 13 ans. . . . . £ 83,999,736

Soit par année £ 6,460,000 ou. . . . . . fr. 161,500,000

C'est donc une balance de 161,500,000 francs que l'Egypte a retiré chaque année de sa production, déduction faite de sa consommation, avec observation que cette moyenne étant prise sur 13 années, et la progression étant constante, la balance de ces dernières années est bien supérieure à cette moyenne.

Cette progression constante ressort notamment de la comparaison des chiffres suivants sur les cotons, article principal de l'exportation qui s'est élevée en 1874 à. . . . . . . Q°. 2,615,120

Comparativement à 1867, à. 1,253,593

Différence. . . . . Q°. 1,361,527

Soit, plus de 100 p. 0/0.

Or, 2,615,120 quintaux au prix le plus bas auquel se vend la qualité inférieure, 60 francs par quintal, donnent un chiffre annuel d'exportation pour le coton seul, de.....fr.   156,900,000

Depuis mon retour d'Egypte, j'ai souvent entendu dire, ce qui semble un mot d'ordre des détracteurs de l'Egypte, que le coton est à un prix tellement bas que cette diminution du prix peut porter atteinte à la production et par conséquent aux ressources de ce pays.

Pour l'édification des personnes étrangères à ces questions, je vais établir les prix de revient et bénéfices de la culture d'après les prix les plus bas du coton.

Sur trois feddans de terre (2 feddans 1/2 représentent environ 1 hectare) deux sont cultivés en blé, orge, fèves, etc. et donnent dans l'année deux ou trois récoltes, suivant la qualité de la terre, le mode d'irrigation ou même la diligence de l'exploitant, car on compte en moyenne, de l'époque de la semaille à l'époque de la maturité, trois mois, en sorte qu'il ne reste entre chacune des trois récoltes qu'un mois d'intervalle pour la moisson, le battage et la culture. Le troisième feddan est planté en coton dont la culture est successivement alternée chaque année avec la culture des autres denrées. La moyenne prouve que les récoltes des deux feddans, ensemencés en denrées diverses, représentent les impôts et la main-d'œuvre pour les trois feddans. Il reste donc en bénéfice net à l'exploitant le produit du feddan planté en coton; ce produit est de quatre quintaux qui, au prix minimum de 60 francs par quintal pour la qualité la plus inférieure, représentent un bénéfice net de 240 francs pour l'exploitation des trois feddans. Or, trois feddans de terre représentent comme prix d'acquisition un capital de 1,000 francs, ce qui donne un revenu net de 24 0/0.

Ces chiffres résultent de tous les renseignements que je me

suis procurés en Égypte, et nul ne pourra en contester l'exactitude.

Les propriétaires qui n'exploitent pas leurs terrains les donnent à ferme à un taux qui, tout en laissant un bénéfice assez large à l'exploitant, leur procure un revenu net de 15 à 20 % l'an.

On voit donc, par ces données, qu'il reste aux propriétaires et aux exploitants, même à ce prix exceptionnellement bas, un fort beau bénéfice pour la production du coton.

Cette production ne tend pas à décroître, et nous avons établi précédemment que, de 1867 à 1875, elle a augmenté de 100 %, et si on compare la production des treize dernières années avec celle des treize années précédentes, on trouve une augmentation de 257 %.

Si on met en regard les revenus actuels et ceux presque fabuleux que les propriétaires en Égypte ont tirés de leurs terrains lors de la guerre d'Amérique, le coton étant d'une extrême rareté, et par conséquent à un prix qui s'est élevé jusqu'à environ 250 francs le quintal, on les trouve certainement abaissés. Pour donner une idée exacte des fortunes colossales qui se sont édifiées à cette époque et que l'on a attribuées trop souvent à des agissements coupables dans l'Administration, je citerai l'exemple d'un propriétaire, dont je pourrais faire connaître le nom. Ce propriétaire ayant acheté un immense domaine représentant une somme considérable, environ fr. 2,000,000, qu'il n'avait pas disponible et qu'il a dû emprunter pour payer le prix de son acquisition, a souscrit pour le montant de cet emprunt, à un taux d'intérêt très-élevé, des traites à neuf mois, comprenant le capital emprunté et les intérêts. Ces traites ont été intégralement payées à leur échéance, ainsi que les frais de culture, avec la première récolte de ce domaine planté de coton.

Des résultats semblables n'ont évidemment pû se produire que dans des circonstances tout à fait exceptionnelles; mais il est certain que l'Égypte, par la fertilité incomparable de son sol et par sa proximité, aura toujours, pour la production du coton et son transport économique en Europe, un avantage considérable sur tous les autres pays.

Voici mes conclusions :

Les revenus de l'État sont largement suffisants pour assurer, en même temps que les services publics, le payement des intérêts et de l'amortissement de la Dette, telle qu'elle est unifiée par le décret du 7 mai 1876.

Les institutions qui viennent d'être établies sont destinées à donner aux porteurs de titres de la Dette unifiée toutes les sécurités désirables.

On doit donc espérer que le fonctionnement régulier de ces institutions relèvera rapidement le crédit de l'Égypte.

Paris,   juillet 1876.

A. PÉRIDON.

———————◦———————

Paris-Imp. PAUL DUPONT, 41 rue Jean-Jacques-Rousseau. 2430.7.76